This
Appointment Book
belongs to

Company	
Address	
Contact	
Year	
Weeks	From_____ To_____

Date_____Week_____

Time	Monday	Tuesday	Wednesday
6.30 AM			
7.00 AM			
7.30 AM			
8.00 AM			
8.30 AM			
9.00 AM			
9.30 AM			
10.00 AM			
10.30 AM			
11.00 AM			
11.30 AM			
12.00 PM			
12.30 PM			
1.00 PM			
1.30 PM			
2.00 PM			
2.30 PM			
3.00 PM			
3.30 PM			
4.00 PM			
4.30 PM			
5.00 PM			
5.30 PM			
6.00 PM			
6.30 PM			
7.00 PM			
7.30 PM			
8.00 PM			
8.30 PM			
9.00 PM			

Date_____Week_____

Time	Thursday	Friday	Saturday
6.30 AM			
7.00 AM			
7.30 AM			
8.00 AM			
8.30 AM			
9.00 AM			
9.30 AM			
10.00 AM			
10.30 AM			
11.00 AM			
11.30 AM			
12.00 PM			
12.30 PM			
1.00 PM			
1.30 PM			
2.00 PM			
2.30 PM			
3.00 PM			
3.30 PM			
4.00 PM			
4.30 PM			
5.00 PM			
5.30 PM			
6.00 PM			
6.30 PM			
7.00 PM			
7.30 PM			
8.00 PM			
8.30 PM			
9.00 PM			

Date_____Week_____

Time	Sunday
6.30 AM	
7.00 AM	
7.30 AM	
8.00 AM	
8.30 AM	
9.00 AM	
9.30 AM	
10.00 AM	
10.30 AM	
11.00 AM	
11.30 AM	
12.00 PM	
12.30 PM	
1.00 PM	
1.30 PM	
2.00 PM	
2.30 PM	
3.00 PM	
3.30 PM	
4.00 PM	
4.30 PM	
5.00 PM	
5.30 PM	
6.00 PM	
6.30 PM	
7.00 PM	
7.30 PM	
8.00 PM	
8.30 PM	
9.00 PM	

Notes

Notes

Date_____Week_____

Time	Monday	Tuesday	Wednesday
6.30 AM			
7.00 AM			
7.30 AM			
8.00 AM			
8.30 AM			
9.00 AM			
9.30 AM			
10.00 AM			
10.30 AM			
11.00 AM			
11.30 AM			
12.00 PM			
12.30 PM			
1.00 PM			
1.30 PM			
2.00 PM			
2.30 PM			
3.00 PM			
3.30 PM			
4.00 PM			
4.30 PM			
5.00 PM			
5.30 PM			
6.00 PM			
6.30 PM			
7.00 PM			
7.30 PM			
8.00 PM			
8.30 PM			
9.00 PM			

Date_____ Week_____

Time	Thursday	Friday	Saturday
6.30 AM			
7.00 AM			
7.30 AM			
8.00 AM			
8.30 AM			
9.00 AM			
9.30 AM			
10.00 AM			
10.30 AM			
11.00 AM			
11.30 AM			
12.00 PM			
12.30 PM			
1.00 PM			
1.30 PM			
2.00 PM			
2.30 PM			
3.00 PM			
3.30 PM			
4.00 PM			
4.30 PM			
5.00 PM			
5.30 PM			
6.00 PM			
6.30 PM			
7.00 PM			
7.30 PM			
8.00 PM			
8.30 PM			
9.00 PM			

Time	Sunday
6.30 AM	
7.00 AM	
7.30 AM	
8.00 AM	
8.30 AM	
9.00 AM	
9.30 AM	
10.00 AM	
10.30 AM	
11.00 AM	
11.30 AM	
12.00 PM	
12.30 PM	
1.00 PM	
1.30 PM	
2.00 PM	
2.30 PM	
3.00 PM	
3.30 PM	
4.00 PM	
4.30 PM	
5.00 PM	
5.30 PM	
6.00 PM	
6.30 PM	
7.00 PM	
7.30 PM	
8.00 PM	
8.30 PM	
9.00 PM	

Notes

Notes

Time	Monday	Tuesday	Wednesday
6.30 AM			
7.00 AM			
7.30 AM			
8.00 AM			
8.30 AM			
9.00 AM			
9.30 AM			
10.00 AM			
10.30 AM			
11.00 AM			
11.30 AM			
12.00 PM			
12.30 PM			
1.00 PM			
1.30 PM			
2.00 PM			
2.30 PM			
3.00 PM			
3.30 PM			
4.00 PM			
4.30 PM			
5.00 PM			
5.30 PM			
6.00 PM			
6.30 PM			
7.00 PM			
7.30 PM			
8.00 PM			
8.30 PM			
9.00 PM			

Time	Thursday	Friday	Saturday
6.30 AM			
7.00 AM			
7.30 AM			
8.00 AM			
8.30 AM			
9.00 AM			
9.30 AM			
10.00 AM			
10.30 AM			
11.00 AM			
11.30 AM			
12.00 PM			
12.30 PM			
1.00 PM			
1.30 PM			
2.00 PM			
2.30 PM			
3.00 PM			
3.30 PM			
4.00 PM			
4.30 PM			
5.00 PM			
5.30 PM			
6.00 PM			
6.30 PM			
7.00 PM			
7.30 PM			
8.00 PM			
8.30 PM			
9.00 PM			

Time	Sunday
6.30 AM	
7.00 AM	
7.30 AM	
8.00 AM	
8.30 AM	
9.00 AM	
9.30 AM	
10.00 AM	
10.30 AM	
11.00 AM	
11.30 AM	
12.00 PM	
12.30 PM	
1.00 PM	
1.30 PM	
2.00 PM	
2.30 PM	
3.00 PM	
3.30 PM	
4.00 PM	
4.30 PM	
5.00 PM	
5.30 PM	
6.00 PM	
6.30 PM	
7.00 PM	
7.30 PM	
8.00 PM	
8.30 PM	
9.00 PM	

Notes

Notes

Date_____Week_____

Time	Monday	Tuesday	Wednesday
6.30 AM			
7.00 AM			
7.30 AM			
8.00 AM			
8.30 AM			
9.00 AM			
9.30 AM			
10.00 AM			
10.30 AM			
11.00 AM			
11.30 AM			
12.00 PM			
12.30 PM			
1.00 PM			
1.30 PM			
2.00 PM			
2.30 PM			
3.00 PM			
3.30 PM			
4.00 PM			
4.30 PM			
5.00 PM			
5.30 PM			
6.00 PM			
6.30 PM			
7.00 PM			
7.30 PM			
8.00 PM			
8.30 PM			
9.00 PM			

Date_____ Week_____

Time	Thursday	Friday	Saturday
6.30 AM			
7.00 AM			
7.30 AM			
8.00 AM			
8.30 AM			
9.00 AM			
9.30 AM			
10.00 AM			
10.30 AM			
11.00 AM			
11.30 AM			
12.00 PM			
12.30 PM			
1.00 PM			
1.30 PM			
2.00 PM			
2.30 PM			
3.00 PM			
3.30 PM			
4.00 PM			
4.30 PM			
5.00 PM			
5.30 PM			
6.00 PM			
6.30 PM			
7.00 PM			
7.30 PM			
8.00 PM			
8.30 PM			
9.00 PM			

Date_____Week_____

Time	Sunday
6.30 AM	
7.00 AM	
7.30 AM	
8.00 AM	
8.30 AM	
9.00 AM	
9.30 AM	
10.00 AM	
10.30 AM	
11.00 AM	
11.30 AM	
12.00 PM	
12.30 PM	
1.00 PM	
1.30 PM	
2.00 PM	
2.30 PM	
3.00 PM	
3.30 PM	
4.00 PM	
4.30 PM	
5.00 PM	
5.30 PM	
6.00 PM	
6.30 PM	
7.00 PM	
7.30 PM	
8.00 PM	
8.30 PM	
9.00 PM	

Notes

Notes

Date_____Week_____

Time	Monday	Tuesday	Wednesday
6.30 AM			
7.00 AM			
7.30 AM			
8.00 AM			
8.30 AM			
9.00 AM			
9.30 AM			
10.00 AM			
10.30 AM			
11.00 AM			
11.30 AM			
12.00 PM			
12.30 PM			
1.00 PM			
1.30 PM			
2.00 PM			
2.30 PM			
3.00 PM			
3.30 PM			
4.00 PM			
4.30 PM			
5.00 PM			
5.30 PM			
6.00 PM			
6.30 PM			
7.00 PM			
7.30 PM			
8.00 PM			
8.30 PM			
9.00 PM			

Date_____Week_____

Time	Thursday	Friday	Saturday
6.30 AM			
7.00 AM			
7.30 AM			
8.00 AM			
8.30 AM			
9.00 AM			
9.30 AM			
10.00 AM			
10.30 AM			
11.00 AM			
11.30 AM			
12.00 PM			
12.30 PM			
1.00 PM			
1.30 PM			
2.00 PM			
2.30 PM			
3.00 PM			
3.30 PM			
4.00 PM			
4.30 PM			
5.00 PM			
5.30 PM			
6.00 PM			
6.30 PM			
7.00 PM			
7.30 PM			
8.00 PM			
8.30 PM			
9.00 PM			

Time	Sunday
6.30 AM	
7.00 AM	
7.30 AM	
8.00 AM	
8.30 AM	
9.00 AM	
9.30 AM	
10.00 AM	
10.30 AM	
11.00 AM	
11.30 AM	
12.00 PM	
12.30 PM	
1.00 PM	
1.30 PM	
2.00 PM	
2.30 PM	
3.00 PM	
3.30 PM	
4.00 PM	
4.30 PM	
5.00 PM	
5.30 PM	
6.00 PM	
6.30 PM	
7.00 PM	
7.30 PM	
8.00 PM	
8.30 PM	
9.00 PM	

Notes

Notes

Date_____Week_____

Time	Monday	Tuesday	Wednesday
6.30 AM			
7.00 AM			
7.30 AM			
8.00 AM			
8.30 AM			
9.00 AM			
9.30 AM			
10.00 AM			
10.30 AM			
11.00 AM			
11.30 AM			
12.00 PM			
12.30 PM			
1.00 PM			
1.30 PM			
2.00 PM			
2.30 PM			
3.00 PM			
3.30 PM			
4.00 PM			
4.30 PM			
5.00 PM			
5.30 PM			
6.00 PM			
6.30 PM			
7.00 PM			
7.30 PM			
8.00 PM			
8.30 PM			
9.00 PM			

Date_____Week_____

Time	Thursday	Friday	Saturday
6.30 AM			
7.00 AM			
7.30 AM			
8.00 AM			
8.30 AM			
9.00 AM			
9.30 AM			
10.00 AM			
10.30 AM			
11.00 AM			
11.30 AM			
12.00 PM			
12.30 PM			
1.00 PM			
1.30 PM			
2.00 PM			
2.30 PM			
3.00 PM			
3.30 PM			
4.00 PM			
4.30 PM			
5.00 PM			
5.30 PM			
6.00 PM			
6.30 PM			
7.00 PM			
7.30 PM			
8.00 PM			
8.30 PM			
9.00 PM			

Time	Sunday
6.30 AM	
7.00 AM	
7.30 AM	
8.00 AM	
8.30 AM	
9.00 AM	
9.30 AM	
10.00 AM	
10.30 AM	
11.00 AM	
11.30 AM	
12.00 PM	
12.30 PM	
1.00 PM	
1.30 PM	
2.00 PM	
2.30 PM	
3.00 PM	
3.30 PM	
4.00 PM	
4.30 PM	
5.00 PM	
5.30 PM	
6.00 PM	
6.30 PM	
7.00 PM	
7.30 PM	
8.00 PM	
8.30 PM	
9.00 PM	

Notes

Notes

Date_____Week_____

Time	Monday	Tuesday	Wednesday
6.30 AM			
7.00 AM			
7.30 AM			
8.00 AM			
8.30 AM			
9.00 AM			
9.30 AM			
10.00 AM			
10.30 AM			
11.00 AM			
11.30 AM			
12.00 PM			
12.30 PM			
1.00 PM			
1.30 PM			
2.00 PM			
2.30 PM			
3.00 PM			
3.30 PM			
4.00 PM			
4.30 PM			
5.00 PM			
5.30 PM			
6.00 PM			
6.30 PM			
7.00 PM			
7.30 PM			
8.00 PM			
8.30 PM			
9.00 PM			

Date_____Week_____

Time	Thursday	Friday	Saturday
6.30 AM			
7.00 AM			
7.30 AM			
8.00 AM			
8.30 AM			
9.00 AM			
9.30 AM			
10.00 AM			
10.30 AM			
11.00 AM			
11.30 AM			
12.00 PM			
12.30 PM			
1.00 PM			
1.30 PM			
2.00 PM			
2.30 PM			
3.00 PM			
3.30 PM			
4.00 PM			
4.30 PM			
5.00 PM			
5.30 PM			
6.00 PM			
6.30 PM			
7.00 PM			
7.30 PM			
8.00 PM			
8.30 PM			
9.00 PM			

Time	Sunday
6.30 AM	
7.00 AM	
7.30 AM	
8.00 AM	
8.30 AM	
9.00 AM	
9.30 AM	
10.00 AM	
10.30 AM	
11.00 AM	
11.30 AM	
12.00 PM	
12.30 PM	
1.00 PM	
1.30 PM	
2.00 PM	
2.30 PM	
3.00 PM	
3.30 PM	
4.00 PM	
4.30 PM	
5.00 PM	
5.30 PM	
6.00 PM	
6.30 PM	
7.00 PM	
7.30 PM	
8.00 PM	
8.30 PM	
9.00 PM	

Notes

Notes

Date_____Week_____

Time	Monday	Tuesday	Wednesday
6.30 AM			
7.00 AM			
7.30 AM			
8.00 AM			
8.30 AM			
9.00 AM			
9.30 AM			
10.00 AM			
10.30 AM			
11.00 AM			
11.30 AM			
12.00 PM			
12.30 PM			
1.00 PM			
1.30 PM			
2.00 PM			
2.30 PM			
3.00 PM			
3.30 PM			
4.00 PM			
4.30 PM			
5.00 PM			
5.30 PM			
6.00 PM			
6.30 PM			
7.00 PM			
7.30 PM			
8.00 PM			
8.30 PM			
9.00 PM			

Date_____Week_____

Time	Thursday	Friday	Saturday
6.30 AM			
7.00 AM			
7.30 AM			
8.00 AM			
8.30 AM			
9.00 AM			
9.30 AM			
10.00 AM			
10.30 AM			
11.00 AM			
11.30 AM			
12.00 PM			
12.30 PM			
1.00 PM			
1.30 PM			
2.00 PM			
2.30 PM			
3.00 PM			
3.30 PM			
4.00 PM			
4.30 PM			
5.00 PM			
5.30 PM			
6.00 PM			
6.30 PM			
7.00 PM			
7.30 PM			
8.00 PM			
8.30 PM			
9.00 PM			

Time	Sunday
6.30 AM	
7.00 AM	
7.30 AM	
8.00 AM	
8.30 AM	
9.00 AM	
9.30 AM	
10.00 AM	
10.30 AM	
11.00 AM	
11.30 AM	
12.00 PM	
12.30 PM	
1.00 PM	
1.30 PM	
2.00 PM	
2.30 PM	
3.00 PM	
3.30 PM	
4.00 PM	
4.30 PM	
5.00 PM	
5.30 PM	
6.00 PM	
6.30 PM	
7.00 PM	
7.30 PM	
8.00 PM	
8.30 PM	
9.00 PM	

Notes

Notes

Date_____Week_____

Time	Monday	Tuesday	Wednesday
6.30 AM			
7.00 AM			
7.30 AM			
8.00 AM			
8.30 AM			
9.00 AM			
9.30 AM			
10.00 AM			
10.30 AM			
11.00 AM			
11.30 AM			
12.00 PM			
12.30 PM			
1.00 PM			
1.30 PM			
2.00 PM			
2.30 PM			
3.00 PM			
3.30 PM			
4.00 PM			
4.30 PM			
5.00 PM			
5.30 PM			
6.00 PM			
6.30 PM			
7.00 PM			
7.30 PM			
8.00 PM			
8.30 PM			
9.00 PM			

Time	Thursday	Friday	Saturday
6.30 AM			
7.00 AM			
7.30 AM			
8.00 AM			
8.30 AM			
9.00 AM			
9.30 AM			
10.00 AM			
10.30 AM			
11.00 AM			
11.30 AM			
12.00 PM			
12.30 PM			
1.00 PM			
1.30 PM			
2.00 PM			
2.30 PM			
3.00 PM			
3.30 PM			
4.00 PM			
4.30 PM			
5.00 PM			
5.30 PM			
6.00 PM			
6.30 PM			
7.00 PM			
7.30 PM			
8.00 PM			
8.30 PM			
9.00 PM			

Time	Sunday
6.30 AM	
7.00 AM	
7.30 AM	
8.00 AM	
8.30 AM	
9.00 AM	
9.30 AM	
10.00 AM	
10.30 AM	
11.00 AM	
11.30 AM	
12.00 PM	
12.30 PM	
1.00 PM	
1.30 PM	
2.00 PM	
2.30 PM	
3.00 PM	
3.30 PM	
4.00 PM	
4.30 PM	
5.00 PM	
5.30 PM	
6.00 PM	
6.30 PM	
7.00 PM	
7.30 PM	
8.00 PM	
8.30 PM	
9.00 PM	

Notes

Notes

Date_____Week_____

Time	Monday	Tuesday	Wednesday
6.30 AM			
7.00 AM			
7.30 AM			
8.00 AM			
8.30 AM			
9.00 AM			
9.30 AM			
10.00 AM			
10.30 AM			
11.00 AM			
11.30 AM			
12.00 PM			
12.30 PM			
1.00 PM			
1.30 PM			
2.00 PM			
2.30 PM			
3.00 PM			
3.30 PM			
4.00 PM			
4.30 PM			
5.00 PM			
5.30 PM			
6.00 PM			
6.30 PM			
7.00 PM			
7.30 PM			
8.00 PM			
8.30 PM			
9.00 PM			

Date_____ Week_____

Time	Thursday	Friday	Saturday
6.30 AM			
7.00 AM			
7.30 AM			
8.00 AM			
8.30 AM			
9.00 AM			
9.30 AM			
10.00 AM			
10.30 AM			
11.00 AM			
11.30 AM			
12.00 PM			
12.30 PM			
1.00 PM			
1.30 PM			
2.00 PM			
2.30 PM			
3.00 PM			
3.30 PM			
4.00 PM			
4.30 PM			
5.00 PM			
5.30 PM			
6.00 PM			
6.30 PM			
7.00 PM			
7.30 PM			
8.00 PM			
8.30 PM			
9.00 PM			

Date_____Week_____

Time	Sunday
6.30 AM	
7.00 AM	
7.30 AM	
8.00 AM	
8.30 AM	
9.00 AM	
9.30 AM	
10.00 AM	
10.30 AM	
11.00 AM	
11.30 AM	
12.00 PM	
12.30 PM	
1.00 PM	
1.30 PM	
2.00 PM	
2.30 PM	
3.00 PM	
3.30 PM	
4.00 PM	
4.30 PM	
5.00 PM	
5.30 PM	
6.00 PM	
6.30 PM	
7.00 PM	
7.30 PM	
8.00 PM	
8.30 PM	
9.00 PM	

Notes

Notes

Time	Monday	Tuesday	Wednesday
6.30 AM			
7.00 AM			
7.30 AM			
8.00 AM			
8.30 AM			
9.00 AM			
9.30 AM			
10.00 AM			
10.30 AM			
11.00 AM			
11.30 AM			
12.00 PM			
12.30 PM			
1.00 PM			
1.30 PM			
2.00 PM			
2.30 PM			
3.00 PM			
3.30 PM			
4.00 PM			
4.30 PM			
5.00 PM			
5.30 PM			
6.00 PM			
6.30 PM			
7.00 PM			
7.30 PM			
8.00 PM			
8.30 PM			
9.00 PM			

Date_____Week_____

Time	Thursday	Friday	Saturday
6.30 AM			
7.00 AM			
7.30 AM			
8.00 AM			
8.30 AM			
9.00 AM			
9.30 AM			
10.00 AM			
10.30 AM			
11.00 AM			
11.30 AM			
12.00 PM			
12.30 PM			
1.00 PM			
1.30 PM			
2.00 PM			
2.30 PM			
3.00 PM			
3.30 PM			
4.00 PM			
4.30 PM			
5.00 PM			
5.30 PM			
6.00 PM			
6.30 PM			
7.00 PM			
7.30 PM			
8.00 PM			
8.30 PM			
9.00 PM			

Date_____Week_____

Time	Sunday
6.30 AM	
7.00 AM	
7.30 AM	
8.00 AM	
8.30 AM	
9.00 AM	
9.30 AM	
10.00 AM	
10.30 AM	
11.00 AM	
11.30 AM	
12.00 PM	
12.30 PM	
1.00 PM	
1.30 PM	
2.00 PM	
2.30 PM	
3.00 PM	
3.30 PM	
4.00 PM	
4.30 PM	
5.00 PM	
5.30 PM	
6.00 PM	
6.30 PM	
7.00 PM	
7.30 PM	
8.00 PM	
8.30 PM	
9.00 PM	

Notes

Notes

Date_____Week_____

Time	Monday	Tuesday	Wednesday
6.30 AM			
7.00 AM			
7.30 AM			
8.00 AM			
8.30 AM			
9.00 AM			
9.30 AM			
10.00 AM			
10.30 AM			
11.00 AM			
11.30 AM			
12.00 PM			
12.30 PM			
1.00 PM			
1.30 PM			
2.00 PM			
2.30 PM			
3.00 PM			
3.30 PM			
4.00 PM			
4.30 PM			
5.00 PM			
5.30 PM			
6.00 PM			
6.30 PM			
7.00 PM			
7.30 PM			
8.00 PM			
8.30 PM			
9.00 PM			

Date_____Week_____

Time	Thursday	Friday	Saturday
6.30 AM			
7.00 AM			
7.30 AM			
8.00 AM			
8.30 AM			
9.00 AM			
9.30 AM			
10.00 AM			
10.30 AM			
11.00 AM			
11.30 AM			
12.00 PM			
12.30 PM			
1.00 PM			
1.30 PM			
2.00 PM			
2.30 PM			
3.00 PM			
3.30 PM			
4.00 PM			
4.30 PM			
5.00 PM			
5.30 PM			
6.00 PM			
6.30 PM			
7.00 PM			
7.30 PM			
8.00 PM			
8.30 PM			
9.00 PM			

Date_____Week_____

Time	Sunday
6.30 AM	
7.00 AM	
7.30 AM	
8.00 AM	
8.30 AM	
9.00 AM	
9.30 AM	
10.00 AM	
10.30 AM	
11.00 AM	
11.30 AM	
12.00 PM	
12.30 PM	
1.00 PM	
1.30 PM	
2.00 PM	
2.30 PM	
3.00 PM	
3.30 PM	
4.00 PM	
4.30 PM	
5.00 PM	
5.30 PM	
6.00 PM	
6.30 PM	
7.00 PM	
7.30 PM	
8.00 PM	
8.30 PM	
9.00 PM	

Notes

Notes

Date_____Week_____

Time	Monday	Tuesday	Wednesday
6.30 AM			
7.00 AM			
7.30 AM			
8.00 AM			
8.30 AM			
9.00 AM			
9.30 AM			
10.00 AM			
10.30 AM			
11.00 AM			
11.30 AM			
12.00 PM			
12.30 PM			
1.00 PM			
1.30 PM			
2.00 PM			
2.30 PM			
3.00 PM			
3.30 PM			
4.00 PM			
4.30 PM			
5.00 PM			
5.30 PM			
6.00 PM			
6.30 PM			
7.00 PM			
7.30 PM			
8.00 PM			
8.30 PM			
9.00 PM			

Time	Thursday	Friday	Saturday
6.30 AM			
7.00 AM			
7.30 AM			
8.00 AM			
8.30 AM			
9.00 AM			
9.30 AM			
10.00 AM			
10.30 AM			
11.00 AM			
11.30 AM			
12.00 PM			
12.30 PM			
1.00 PM			
1.30 PM			
2.00 PM			
2.30 PM			
3.00 PM			
3.30 PM			
4.00 PM			
4.30 PM			
5.00 PM			
5.30 PM			
6.00 PM			
6.30 PM			
7.00 PM			
7.30 PM			
8.00 PM			
8.30 PM			
9.00 PM			

Time	Sunday
6.30 AM	
7.00 AM	
7.30 AM	
8.00 AM	
8.30 AM	
9.00 AM	
9.30 AM	
10.00 AM	
10.30 AM	
11.00 AM	
11.30 AM	
12.00 PM	
12.30 PM	
1.00 PM	
1.30 PM	
2.00 PM	
2.30 PM	
3.00 PM	
3.30 PM	
4.00 PM	
4.30 PM	
5.00 PM	
5.30 PM	
6.00 PM	
6.30 PM	
7.00 PM	
7.30 PM	
8.00 PM	
8.30 PM	
9.00 PM	

Notes

Notes

Date_____Week_____

Time	Monday	Tuesday	Wednesday
6.30 AM			
7.00 AM			
7.30 AM			
8.00 AM			
8.30 AM			
9.00 AM			
9.30 AM			
10.00 AM			
10.30 AM			
11.00 AM			
11.30 AM			
12.00 PM			
12.30 PM			
1.00 PM			
1.30 PM			
2.00 PM			
2.30 PM			
3.00 PM			
3.30 PM			
4.00 PM			
4.30 PM			
5.00 PM			
5.30 PM			
6.00 PM			
6.30 PM			
7.00 PM			
7.30 PM			
8.00 PM			
8.30 PM			
9.00 PM			

Time	Thursday	Friday	Saturday
6.30 AM			
7.00 AM			
7.30 AM			
8.00 AM			
8.30 AM			
9.00 AM			
9.30 AM			
10.00 AM			
10.30 AM			
11.00 AM			
11.30 AM			
12.00 PM			
12.30 PM			
1.00 PM			
1.30 PM			
2.00 PM			
2.30 PM			
3.00 PM			
3.30 PM			
4.00 PM			
4.30 PM			
5.00 PM			
5.30 PM			
6.00 PM			
6.30 PM			
7.00 PM			
7.30 PM			
8.00 PM			
8.30 PM			
9.00 PM			

Time	Sunday
6.30 AM	
7.00 AM	
7.30 AM	
8.00 AM	
8.30 AM	
9.00 AM	
9.30 AM	
10.00 AM	
10.30 AM	
11.00 AM	
11.30 AM	
12.00 PM	
12.30 PM	
1.00 PM	
1.30 PM	
2.00 PM	
2.30 PM	
3.00 PM	
3.30 PM	
4.00 PM	
4.30 PM	
5.00 PM	
5.30 PM	
6.00 PM	
6.30 PM	
7.00 PM	
7.30 PM	
8.00 PM	
8.30 PM	
9.00 PM	

Notes

Notes

Date_____Week_____

Time	Monday	Tuesday	Wednesday
6.30 AM			
7.00 AM			
7.30 AM			
8.00 AM			
8.30 AM			
9.00 AM			
9.30 AM			
10.00 AM			
10.30 AM			
11.00 AM			
11.30 AM			
12.00 PM			
12.30 PM			
1.00 PM			
1.30 PM			
2.00 PM			
2.30 PM			
3.00 PM			
3.30 PM			
4.00 PM			
4.30 PM			
5.00 PM			
5.30 PM			
6.00 PM			
6.30 PM			
7.00 PM			
7.30 PM			
8.00 PM			
8.30 PM			
9.00 PM			

Date_____Week_____

Time	Thursday	Friday	Saturday
6.30 AM			
7.00 AM			
7.30 AM			
8.00 AM			
8.30 AM			
9.00 AM			
9.30 AM			
10.00 AM			
10.30 AM			
11.00 AM			
11.30 AM			
12.00 PM			
12.30 PM			
1.00 PM			
1.30 PM			
2.00 PM			
2.30 PM			
3.00 PM			
3.30 PM			
4.00 PM			
4.30 PM			
5.00 PM			
5.30 PM			
6.00 PM			
6.30 PM			
7.00 PM			
7.30 PM			
8.00 PM			
8.30 PM			
9.00 PM			

Time	Sunday
6.30 AM	
7.00 AM	
7.30 AM	
8.00 AM	
8.30 AM	
9.00 AM	
9.30 AM	
10.00 AM	
10.30 AM	
11.00 AM	
11.30 AM	
12.00 PM	
12.30 PM	
1.00 PM	
1.30 PM	
2.00 PM	
2.30 PM	
3.00 PM	
3.30 PM	
4.00 PM	
4.30 PM	
5.00 PM	
5.30 PM	
6.00 PM	
6.30 PM	
7.00 PM	
7.30 PM	
8.00 PM	
8.30 PM	
9.00 PM	

Notes

Notes

Time	Monday	Tuesday	Wednesday
6.30 AM			
7.00 AM			
7.30 AM			
8.00 AM			
8.30 AM			
9.00 AM			
9.30 AM			
10.00 AM			
10.30 AM			
11.00 AM			
11.30 AM			
12.00 PM			
12.30 PM			
1.00 PM			
1.30 PM			
2.00 PM			
2.30 PM			
3.00 PM			
3.30 PM			
4.00 PM			
4.30 PM			
5.00 PM			
5.30 PM			
6.00 PM			
6.30 PM			
7.00 PM			
7.30 PM			
8.00 PM			
8.30 PM			
9.00 PM			

Date_____ Week_____

Time	Thursday	Friday	Saturday
6.30 AM			
7.00 AM			
7.30 AM			
8.00 AM			
8.30 AM			
9.00 AM			
9.30 AM			
10.00 AM			
10.30 AM			
11.00 AM			
11.30 AM			
12.00 PM			
12.30 PM			
1.00 PM			
1.30 PM			
2.00 PM			
2.30 PM			
3.00 PM			
3.30 PM			
4.00 PM			
4.30 PM			
5.00 PM			
5.30 PM			
6.00 PM			
6.30 PM			
7.00 PM			
7.30 PM			
8.00 PM			
8.30 PM			
9.00 PM			

Time	Sunday
6.30 AM	
7.00 AM	
7.30 AM	
8.00 AM	
8.30 AM	
9.00 AM	
9.30 AM	
10.00 AM	
10.30 AM	
11.00 AM	
11.30 AM	
12.00 PM	
12.30 PM	
1.00 PM	
1.30 PM	
2.00 PM	
2.30 PM	
3.00 PM	
3.30 PM	
4.00 PM	
4.30 PM	
5.00 PM	
5.30 PM	
6.00 PM	
6.30 PM	
7.00 PM	
7.30 PM	
8.00 PM	
8.30 PM	
9.00 PM	

Notes

Notes

Time	Monday	Tuesday	Wednesday
6.30 AM			
7.00 AM			
7.30 AM			
8.00 AM			
8.30 AM			
9.00 AM			
9.30 AM			
10.00 AM			
10.30 AM			
11.00 AM			
11.30 AM			
12.00 PM			
12.30 PM			
1.00 PM			
1.30 PM			
2.00 PM			
2.30 PM			
3.00 PM			
3.30 PM			
4.00 PM			
4.30 PM			
5.00 PM			
5.30 PM			
6.00 PM			
6.30 PM			
7.00 PM			
7.30 PM			
8.00 PM			
8.30 PM			
9.00 PM			

Date_____Week_____

Time	Thursday	Friday	Saturday
6.30 AM			
7.00 AM			
7.30 AM			
8.00 AM			
8.30 AM			
9.00 AM			
9.30 AM			
10.00 AM			
10.30 AM			
11.00 AM			
11.30 AM			
12.00 PM			
12.30 PM			
1.00 PM			
1.30 PM			
2.00 PM			
2.30 PM			
3.00 PM			
3.30 PM			
4.00 PM			
4.30 PM			
5.00 PM			
5.30 PM			
6.00 PM			
6.30 PM			
7.00 PM			
7.30 PM			
8.00 PM			
8.30 PM			
9.00 PM			

Time	Sunday
6.30 AM	
7.00 AM	
7.30 AM	
8.00 AM	
8.30 AM	
9.00 AM	
9.30 AM	
10.00 AM	
10.30 AM	
11.00 AM	
11.30 AM	
12.00 PM	
12.30 PM	
1.00 PM	
1.30 PM	
2.00 PM	
2.30 PM	
3.00 PM	
3.30 PM	
4.00 PM	
4.30 PM	
5.00 PM	
5.30 PM	
6.00 PM	
6.30 PM	
7.00 PM	
7.30 PM	
8.00 PM	
8.30 PM	
9.00 PM	

Notes

Notes

Date_____Week_____

Time	Monday	Tuesday	Wednesday
6.30 AM			
7.00 AM			
7.30 AM			
8.00 AM			
8.30 AM			
9.00 AM			
9.30 AM			
10.00 AM			
10.30 AM			
11.00 AM			
11.30 AM			
12.00 PM			
12.30 PM			
1.00 PM			
1.30 PM			
2.00 PM			
2.30 PM			
3.00 PM			
3.30 PM			
4.00 PM			
4.30 PM			
5.00 PM			
5.30 PM			
6.00 PM			
6.30 PM			
7.00 PM			
7.30 PM			
8.00 PM			
8.30 PM			
9.00 PM			

Date_____Week_____

Time	Thursday	Friday	Saturday
6.30 AM			
7.00 AM			
7.30 AM			
8.00 AM			
8.30 AM			
9.00 AM			
9.30 AM			
10.00 AM			
10.30 AM			
11.00 AM			
11.30 AM			
12.00 PM			
12.30 PM			
1.00 PM			
1.30 PM			
2.00 PM			
2.30 PM			
3.00 PM			
3.30 PM			
4.00 PM			
4.30 PM			
5.00 PM			
5.30 PM			
6.00 PM			
6.30 PM			
7.00 PM			
7.30 PM			
8.00 PM			
8.30 PM			
9.00 PM			

Date_____Week_____

Time	Sunday
6.30 AM	
7.00 AM	
7.30 AM	
8.00 AM	
8.30 AM	
9.00 AM	
9.30 AM	
10.00 AM	
10.30 AM	
11.00 AM	
11.30 AM	
12.00 PM	
12.30 PM	
1.00 PM	
1.30 PM	
2.00 PM	
2.30 PM	
3.00 PM	
3.30 PM	
4.00 PM	
4.30 PM	
5.00 PM	
5.30 PM	
6.00 PM	
6.30 PM	
7.00 PM	
7.30 PM	
8.00 PM	
8.30 PM	
9.00 PM	

Notes

Notes

Date_____ Week_____

Time	Monday	Tuesday	Wednesday
6.30 AM			
7.00 AM			
7.30 AM			
8.00 AM			
8.30 AM			
9.00 AM			
9.30 AM			
10.00 AM			
10.30 AM			
11.00 AM			
11.30 AM			
12.00 PM			
12.30 PM			
1.00 PM			
1.30 PM			
2.00 PM			
2.30 PM			
3.00 PM			
3.30 PM			
4.00 PM			
4.30 PM			
5.00 PM			
5.30 PM			
6.00 PM			
6.30 PM			
7.00 PM			
7.30 PM			
8.00 PM			
8.30 PM			
9.00 PM			

Time	Thursday	Friday	Saturday
6.30 AM			
7.00 AM			
7.30 AM			
8.00 AM			
8.30 AM			
9.00 AM			
9.30 AM			
10.00 AM			
10.30 AM			
11.00 AM			
11.30 AM			
12.00 PM			
12.30 PM			
1.00 PM			
1.30 PM			
2.00 PM			
2.30 PM			
3.00 PM			
3.30 PM			
4.00 PM			
4.30 PM			
5.00 PM			
5.30 PM			
6.00 PM			
6.30 PM			
7.00 PM			
7.30 PM			
8.00 PM			
8.30 PM			
9.00 PM			

Time	Sunday
6.30 AM	
7.00 AM	
7.30 AM	
8.00 AM	
8.30 AM	
9.00 AM	
9.30 AM	
10.00 AM	
10.30 AM	
11.00 AM	
11.30 AM	
12.00 PM	
12.30 PM	
1.00 PM	
1.30 PM	
2.00 PM	
2.30 PM	
3.00 PM	
3.30 PM	
4.00 PM	
4.30 PM	
5.00 PM	
5.30 PM	
6.00 PM	
6.30 PM	
7.00 PM	
7.30 PM	
8.00 PM	
8.30 PM	
9.00 PM	

Notes

Notes

Time	Monday	Tuesday	Wednesday
6.30 AM			
7.00 AM			
7.30 AM			
8.00 AM			
8.30 AM			
9.00 AM			
9.30 AM			
10.00 AM			
10.30 AM			
11.00 AM			
11.30 AM			
12.00 PM			
12.30 PM			
1.00 PM			
1.30 PM			
2.00 PM			
2.30 PM			
3.00 PM			
3.30 PM			
4.00 PM			
4.30 PM			
5.00 PM			
5.30 PM			
6.00 PM			
6.30 PM			
7.00 PM			
7.30 PM			
8.00 PM			
8.30 PM			
9.00 PM			

Date_____Week_____

Time	Thursday	Friday	Saturday
6.30 AM			
7.00 AM			
7.30 AM			
8.00 AM			
8.30 AM			
9.00 AM			
9.30 AM			
10.00 AM			
10.30 AM			
11.00 AM			
11.30 AM			
12.00 PM			
12.30 PM			
1.00 PM			
1.30 PM			
2.00 PM			
2.30 PM			
3.00 PM			
3.30 PM			
4.00 PM			
4.30 PM			
5.00 PM			
5.30 PM			
6.00 PM			
6.30 PM			
7.00 PM			
7.30 PM			
8.00 PM			
8.30 PM			
9.00 PM			

Time	Sunday
6.30 AM	
7.00 AM	
7.30 AM	
8.00 AM	
8.30 AM	
9.00 AM	
9.30 AM	
10.00 AM	
10.30 AM	
11.00 AM	
11.30 AM	
12.00 PM	
12.30 PM	
1.00 PM	
1.30 PM	
2.00 PM	
2.30 PM	
3.00 PM	
3.30 PM	
4.00 PM	
4.30 PM	
5.00 PM	
5.30 PM	
6.00 PM	
6.30 PM	
7.00 PM	
7.30 PM	
8.00 PM	
8.30 PM	
9.00 PM	

Notes

Notes

Date_____ Week_____

Time	Monday	Tuesday	Wednesday
6.30 AM			
7.00 AM			
7.30 AM			
8.00 AM			
8.30 AM			
9.00 AM			
9.30 AM			
10.00 AM			
10.30 AM			
11.00 AM			
11.30 AM			
12.00 PM			
12.30 PM			
1.00 PM			
1.30 PM			
2.00 PM			
2.30 PM			
3.00 PM			
3.30 PM			
4.00 PM			
4.30 PM			
5.00 PM			
5.30 PM			
6.00 PM			
6.30 PM			
7.00 PM			
7.30 PM			
8.00 PM			
8.30 PM			
9.00 PM			

Date_____Week_____

Time	Thursday	Friday	Saturday
6.30 AM			
7.00 AM			
7.30 AM			
8.00 AM			
8.30 AM			
9.00 AM			
9.30 AM			
10.00 AM			
10.30 AM			
11.00 AM			
11.30 AM			
12.00 PM			
12.30 PM			
1.00 PM			
1.30 PM			
2.00 PM			
2.30 PM			
3.00 PM			
3.30 PM			
4.00 PM			
4.30 PM			
5.00 PM			
5.30 PM			
6.00 PM			
6.30 PM			
7.00 PM			
7.30 PM			
8.00 PM			
8.30 PM			
9.00 PM			

Date_____ Week_____

Time	Sunday
6.30 AM	
7.00 AM	
7.30 AM	
8.00 AM	
8.30 AM	
9.00 AM	
9.30 AM	
10.00 AM	
10.30 AM	
11.00 AM	
11.30 AM	
12.00 PM	
12.30 PM	
1.00 PM	
1.30 PM	
2.00 PM	
2.30 PM	
3.00 PM	
3.30 PM	
4.00 PM	
4.30 PM	
5.00 PM	
5.30 PM	
6.00 PM	
6.30 PM	
7.00 PM	
7.30 PM	
8.00 PM	
8.30 PM	
9.00 PM	

Notes

Notes

Time	Monday	Tuesday	Wednesday
6.30 AM			
7.00 AM			
7.30 AM			
8.00 AM			
8.30 AM			
9.00 AM			
9.30 AM			
10.00 AM			
10.30 AM			
11.00 AM			
11.30 AM			
12.00 PM			
12.30 PM			
1.00 PM			
1.30 PM			
2.00 PM			
2.30 PM			
3.00 PM			
3.30 PM			
4.00 PM			
4.30 PM			
5.00 PM			
5.30 PM			
6.00 PM			
6.30 PM			
7.00 PM			
7.30 PM			
8.00 PM			
8.30 PM			
9.00 PM			

Time	Thursday	Friday	Saturday
6.30 AM			
7.00 AM			
7.30 AM			
8.00 AM			
8.30 AM			
9.00 AM			
9.30 AM			
10.00 AM			
10.30 AM			
11.00 AM			
11.30 AM			
12.00 PM			
12.30 PM			
1.00 PM			
1.30 PM			
2.00 PM			
2.30 PM			
3.00 PM			
3.30 PM			
4.00 PM			
4.30 PM			
5.00 PM			
5.30 PM			
6.00 PM			
6.30 PM			
7.00 PM			
7.30 PM			
8.00 PM			
8.30 PM			
9.00 PM			

Date_____Week_____

Time	Sunday
6.30 AM	
7.00 AM	
7.30 AM	
8.00 AM	
8.30 AM	
9.00 AM	
9.30 AM	
10.00 AM	
10.30 AM	
11.00 AM	
11.30 AM	
12.00 PM	
12.30 PM	
1.00 PM	
1.30 PM	
2.00 PM	
2.30 PM	
3.00 PM	
3.30 PM	
4.00 PM	
4.30 PM	
5.00 PM	
5.30 PM	
6.00 PM	
6.30 PM	
7.00 PM	
7.30 PM	
8.00 PM	
8.30 PM	
9.00 PM	

Notes

Notes

Date_____Week_____

Time	Monday	Tuesday	Wednesday
6.30 AM			
7.00 AM			
7.30 AM			
8.00 AM			
8.30 AM			
9.00 AM			
9.30 AM			
10.00 AM			
10.30 AM			
11.00 AM			
11.30 AM			
12.00 PM			
12.30 PM			
1.00 PM			
1.30 PM			
2.00 PM			
2.30 PM			
3.00 PM			
3.30 PM			
4.00 PM			
4.30 PM			
5.00 PM			
5.30 PM			
6.00 PM			
6.30 PM			
7.00 PM			
7.30 PM			
8.00 PM			
8.30 PM			
9.00 PM			

Date_____Week_____

Time	Thursday	Friday	Saturday
6.30 AM			
7.00 AM			
7.30 AM			
8.00 AM			
8.30 AM			
9.00 AM			
9.30 AM			
10.00 AM			
10.30 AM			
11.00 AM			
11.30 AM			
12.00 PM			
12.30 PM			
1.00 PM			
1.30 PM			
2.00 PM			
2.30 PM			
3.00 PM			
3.30 PM			
4.00 PM			
4.30 PM			
5.00 PM			
5.30 PM			
6.00 PM			
6.30 PM			
7.00 PM			
7.30 PM			
8.00 PM			
8.30 PM			
9.00 PM			

Time	Sunday
6.30 AM	
7.00 AM	
7.30 AM	
8.00 AM	
8.30 AM	
9.00 AM	
9.30 AM	
10.00 AM	
10.30 AM	
11.00 AM	
11.30 AM	
12.00 PM	
12.30 PM	
1.00 PM	
1.30 PM	
2.00 PM	
2.30 PM	
3.00 PM	
3.30 PM	
4.00 PM	
4.30 PM	
5.00 PM	
5.30 PM	
6.00 PM	
6.30 PM	
7.00 PM	
7.30 PM	
8.00 PM	
8.30 PM	
9.00 PM	

Notes

Notes

Date_____Week_____

Time	Monday	Tuesday	Wednesday
6.30 AM			
7.00 AM			
7.30 AM			
8.00 AM			
8.30 AM			
9.00 AM			
9.30 AM			
10.00 AM			
10.30 AM			
11.00 AM			
11.30 AM			
12.00 PM			
12.30 PM			
1.00 PM			
1.30 PM			
2.00 PM			
2.30 PM			
3.00 PM			
3.30 PM			
4.00 PM			
4.30 PM			
5.00 PM			
5.30 PM			
6.00 PM			
6.30 PM			
7.00 PM			
7.30 PM			
8.00 PM			
8.30 PM			
9.00 PM			

Date_____Week_____

Time	Thursday	Friday	Saturday
6.30 AM			
7.00 AM			
7.30 AM			
8.00 AM			
8.30 AM			
9.00 AM			
9.30 AM			
10.00 AM			
10.30 AM			
11.00 AM			
11.30 AM			
12.00 PM			
12.30 PM			
1.00 PM			
1.30 PM			
2.00 PM			
2.30 PM			
3.00 PM			
3.30 PM			
4.00 PM			
4.30 PM			
5.00 PM			
5.30 PM			
6.00 PM			
6.30 PM			
7.00 PM			
7.30 PM			
8.00 PM			
8.30 PM			
9.00 PM			

Time	Sunday
6.30 AM	
7.00 AM	
7.30 AM	
8.00 AM	
8.30 AM	
9.00 AM	
9.30 AM	
10.00 AM	
10.30 AM	
11.00 AM	
11.30 AM	
12.00 PM	
12.30 PM	
1.00 PM	
1.30 PM	
2.00 PM	
2.30 PM	
3.00 PM	
3.30 PM	
4.00 PM	
4.30 PM	
5.00 PM	
5.30 PM	
6.00 PM	
6.30 PM	
7.00 PM	
7.30 PM	
8.00 PM	
8.30 PM	
9.00 PM	

Notes

Notes

Date_____Week_____

Time	Monday	Tuesday	Wednesday
6.30 AM			
7.00 AM			
7.30 AM			
8.00 AM			
8.30 AM			
9.00 AM			
9.30 AM			
10.00 AM			
10.30 AM			
11.00 AM			
11.30 AM			
12.00 PM			
12.30 PM			
1.00 PM			
1.30 PM			
2.00 PM			
2.30 PM			
3.00 PM			
3.30 PM			
4.00 PM			
4.30 PM			
5.00 PM			
5.30 PM			
6.00 PM			
6.30 PM			
7.00 PM			
7.30 PM			
8.00 PM			
8.30 PM			
9.00 PM			

Time	Thursday	Friday	Saturday
6.30 AM			
7.00 AM			
7.30 AM			
8.00 AM			
8.30 AM			
9.00 AM			
9.30 AM			
10.00 AM			
10.30 AM			
11.00 AM			
11.30 AM			
12.00 PM			
12.30 PM			
1.00 PM			
1.30 PM			
2.00 PM			
2.30 PM			
3.00 PM			
3.30 PM			
4.00 PM			
4.30 PM			
5.00 PM			
5.30 PM			
6.00 PM			
6.30 PM			
7.00 PM			
7.30 PM			
8.00 PM			
8.30 PM			
9.00 PM			

Time	Sunday
6.30 AM	
7.00 AM	
7.30 AM	
8.00 AM	
8.30 AM	
9.00 AM	
9.30 AM	
10.00 AM	
10.30 AM	
11.00 AM	
11.30 AM	
12.00 PM	
12.30 PM	
1.00 PM	
1.30 PM	
2.00 PM	
2.30 PM	
3.00 PM	
3.30 PM	
4.00 PM	
4.30 PM	
5.00 PM	
5.30 PM	
6.00 PM	
6.30 PM	
7.00 PM	
7.30 PM	
8.00 PM	
8.30 PM	
9.00 PM	

Notes

Notes

Date_____Week_____

Time	Monday	Tuesday	Wednesday
6.30 AM			
7.00 AM			
7.30 AM			
8.00 AM			
8.30 AM			
9.00 AM			
9.30 AM			
10.00 AM			
10.30 AM			
11.00 AM			
11.30 AM			
12.00 PM			
12.30 PM			
1.00 PM			
1.30 PM			
2.00 PM			
2.30 PM			
3.00 PM			
3.30 PM			
4.00 PM			
4.30 PM			
5.00 PM			
5.30 PM			
6.00 PM			
6.30 PM			
7.00 PM			
7.30 PM			
8.00 PM			
8.30 PM			
9.00 PM			

Time	Thursday	Friday	Saturday
6.30 AM			
7.00 AM			
7.30 AM			
8.00 AM			
8.30 AM			
9.00 AM			
9.30 AM			
10.00 AM			
10.30 AM			
11.00 AM			
11.30 AM			
12.00 PM			
12.30 PM			
1.00 PM			
1.30 PM			
2.00 PM			
2.30 PM			
3.00 PM			
3.30 PM			
4.00 PM			
4.30 PM			
5.00 PM			
5.30 PM			
6.00 PM			
6.30 PM			
7.00 PM			
7.30 PM			
8.00 PM			
8.30 PM			
9.00 PM			

Time	Sunday
6.30 AM	
7.00 AM	
7.30 AM	
8.00 AM	
8.30 AM	
9.00 AM	
9.30 AM	
10.00 AM	
10.30 AM	
11.00 AM	
11.30 AM	
12.00 PM	
12.30 PM	
1.00 PM	
1.30 PM	
2.00 PM	
2.30 PM	
3.00 PM	
3.30 PM	
4.00 PM	
4.30 PM	
5.00 PM	
5.30 PM	
6.00 PM	
6.30 PM	
7.00 PM	
7.30 PM	
8.00 PM	
8.30 PM	
9.00 PM	

Notes

Notes

Date_____Week_____

Time	Monday	Tuesday	Wednesday
6.30 AM			
7.00 AM			
7.30 AM			
8.00 AM			
8.30 AM			
9.00 AM			
9.30 AM			
10.00 AM			
10.30 AM			
11.00 AM			
11.30 AM			
12.00 PM			
12.30 PM			
1.00 PM			
1.30 PM			
2.00 PM			
2.30 PM			
3.00 PM			
3.30 PM			
4.00 PM			
4.30 PM			
5.00 PM			
5.30 PM			
6.00 PM			
6.30 PM			
7.00 PM			
7.30 PM			
8.00 PM			
8.30 PM			
9.00 PM			

Time	Thursday	Friday	Saturday
6.30 AM			
7.00 AM			
7.30 AM			
8.00 AM			
8.30 AM			
9.00 AM			
9.30 AM			
10.00 AM			
10.30 AM			
11.00 AM			
11.30 AM			
12.00 PM			
12.30 PM			
1.00 PM			
1.30 PM			
2.00 PM			
2.30 PM			
3.00 PM			
3.30 PM			
4.00 PM			
4.30 PM			
5.00 PM			
5.30 PM			
6.00 PM			
6.30 PM			
7.00 PM			
7.30 PM			
8.00 PM			
8.30 PM			
9.00 PM			

Time	Sunday
6.30 AM	
7.00 AM	
7.30 AM	
8.00 AM	
8.30 AM	
9.00 AM	
9.30 AM	
10.00 AM	
10.30 AM	
11.00 AM	
11.30 AM	
12.00 PM	
12.30 PM	
1.00 PM	
1.30 PM	
2.00 PM	
2.30 PM	
3.00 PM	
3.30 PM	
4.00 PM	
4.30 PM	
5.00 PM	
5.30 PM	
6.00 PM	
6.30 PM	
7.00 PM	
7.30 PM	
8.00 PM	
8.30 PM	
9.00 PM	

Notes

Notes

Date_____Week_____

Time	Monday	Tuesday	Wednesday
6.30 AM			
7.00 AM			
7.30 AM			
8.00 AM			
8.30 AM			
9.00 AM			
9.30 AM			
10.00 AM			
10.30 AM			
11.00 AM			
11.30 AM			
12.00 PM			
12.30 PM			
1.00 PM			
1.30 PM			
2.00 PM			
2.30 PM			
3.00 PM			
3.30 PM			
4.00 PM			
4.30 PM			
5.00 PM			
5.30 PM			
6.00 PM			
6.30 PM			
7.00 PM			
7.30 PM			
8.00 PM			
8.30 PM			
9.00 PM			

Time	Thursday	Friday	Saturday
6.30 AM			
7.00 AM			
7.30 AM			
8.00 AM			
8.30 AM			
9.00 AM			
9.30 AM			
10.00 AM			
10.30 AM			
11.00 AM			
11.30 AM			
12.00 PM			
12.30 PM			
1.00 PM			
1.30 PM			
2.00 PM			
2.30 PM			
3.00 PM			
3.30 PM			
4.00 PM			
4.30 PM			
5.00 PM			
5.30 PM			
6.00 PM			
6.30 PM			
7.00 PM			
7.30 PM			
8.00 PM			
8.30 PM			
9.00 PM			

Time	Sunday
6.30 AM	
7.00 AM	
7.30 AM	
8.00 AM	
8.30 AM	
9.00 AM	
9.30 AM	
10.00 AM	
10.30 AM	
11.00 AM	
11.30 AM	
12.00 PM	
12.30 PM	
1.00 PM	
1.30 PM	
2.00 PM	
2.30 PM	
3.00 PM	
3.30 PM	
4.00 PM	
4.30 PM	
5.00 PM	
5.30 PM	
6.00 PM	
6.30 PM	
7.00 PM	
7.30 PM	
8.00 PM	
8.30 PM	
9.00 PM	

Notes

Notes

Date_____Week_____

Time	Monday	Tuesday	Wednesday
6.30 AM			
7.00 AM			
7.30 AM			
8.00 AM			
8.30 AM			
9.00 AM			
9.30 AM			
10.00 AM			
10.30 AM			
11.00 AM			
11.30 AM			
12.00 PM			
12.30 PM			
1.00 PM			
1.30 PM			
2.00 PM			
2.30 PM			
3.00 PM			
3.30 PM			
4.00 PM			
4.30 PM			
5.00 PM			
5.30 PM			
6.00 PM			
6.30 PM			
7.00 PM			
7.30 PM			
8.00 PM			
8.30 PM			
9.00 PM			

Time	Thursday	Friday	Saturday
6.30 AM			
7.00 AM			
7.30 AM			
8.00 AM			
8.30 AM			
9.00 AM			
9.30 AM			
10.00 AM			
10.30 AM			
11.00 AM			
11.30 AM			
12.00 PM			
12.30 PM			
1.00 PM			
1.30 PM			
2.00 PM			
2.30 PM			
3.00 PM			
3.30 PM			
4.00 PM			
4.30 PM			
5.00 PM			
5.30 PM			
6.00 PM			
6.30 PM			
7.00 PM			
7.30 PM			
8.00 PM			
8.30 PM			
9.00 PM			

Date_____Week_____

Time	Sunday
6.30 AM	
7.00 AM	
7.30 AM	
8.00 AM	
8.30 AM	
9.00 AM	
9.30 AM	
10.00 AM	
10.30 AM	
11.00 AM	
11.30 AM	
12.00 PM	
12.30 PM	
1.00 PM	
1.30 PM	
2.00 PM	
2.30 PM	
3.00 PM	
3.30 PM	
4.00 PM	
4.30 PM	
5.00 PM	
5.30 PM	
6.00 PM	
6.30 PM	
7.00 PM	
7.30 PM	
8.00 PM	
8.30 PM	
9.00 PM	

Notes

Notes

Time	Monday	Tuesday	Wednesday
6.30 AM			
7.00 AM			
7.30 AM			
8.00 AM			
8.30 AM			
9.00 AM			
9.30 AM			
10.00 AM			
10.30 AM			
11.00 AM			
11.30 AM			
12.00 PM			
12.30 PM			
1.00 PM			
1.30 PM			
2.00 PM			
2.30 PM			
3.00 PM			
3.30 PM			
4.00 PM			
4.30 PM			
5.00 PM			
5.30 PM			
6.00 PM			
6.30 PM			
7.00 PM			
7.30 PM			
8.00 PM			
8.30 PM			
9.00 PM			

Date_____ Week_____

Time	Thursday	Friday	Saturday
6.30 AM			
7.00 AM			
7.30 AM			
8.00 AM			
8.30 AM			
9.00 AM			
9.30 AM			
10.00 AM			
10.30 AM			
11.00 AM			
11.30 AM			
12.00 PM			
12.30 PM			
1.00 PM			
1.30 PM			
2.00 PM			
2.30 PM			
3.00 PM			
3.30 PM			
4.00 PM			
4.30 PM			
5.00 PM			
5.30 PM			
6.00 PM			
6.30 PM			
7.00 PM			
7.30 PM			
8.00 PM			
8.30 PM			
9.00 PM			

Time	Sunday
6.30 AM	
7.00 AM	
7.30 AM	
8.00 AM	
8.30 AM	
9.00 AM	
9.30 AM	
10.00 AM	
10.30 AM	
11.00 AM	
11.30 AM	
12.00 PM	
12.30 PM	
1.00 PM	
1.30 PM	
2.00 PM	
2.30 PM	
3.00 PM	
3.30 PM	
4.00 PM	
4.30 PM	
5.00 PM	
5.30 PM	
6.00 PM	
6.30 PM	
7.00 PM	
7.30 PM	
8.00 PM	
8.30 PM	
9.00 PM	

Notes

Notes

Time	Monday	Tuesday	Wednesday
6.30 AM			
7.00 AM			
7.30 AM			
8.00 AM			
8.30 AM			
9.00 AM			
9.30 AM			
10.00 AM			
10.30 AM			
11.00 AM			
11.30 AM			
12.00 PM			
12.30 PM			
1.00 PM			
1.30 PM			
2.00 PM			
2.30 PM			
3.00 PM			
3.30 PM			
4.00 PM			
4.30 PM			
5.00 PM			
5.30 PM			
6.00 PM			
6.30 PM			
7.00 PM			
7.30 PM			
8.00 PM			
8.30 PM			
9.00 PM			

Date_____Week_____

Time	Thursday	Friday	Saturday
6.30 AM			
7.00 AM			
7.30 AM			
8.00 AM			
8.30 AM			
9.00 AM			
9.30 AM			
10.00 AM			
10.30 AM			
11.00 AM			
11.30 AM			
12.00 PM			
12.30 PM			
1.00 PM			
1.30 PM			
2.00 PM			
2.30 PM			
3.00 PM			
3.30 PM			
4.00 PM			
4.30 PM			
5.00 PM			
5.30 PM			
6.00 PM			
6.30 PM			
7.00 PM			
7.30 PM			
8.00 PM			
8.30 PM			
9.00 PM			

Time	Sunday
6.30 AM	
7.00 AM	
7.30 AM	
8.00 AM	
8.30 AM	
9.00 AM	
9.30 AM	
10.00 AM	
10.30 AM	
11.00 AM	
11.30 AM	
12.00 PM	
12.30 PM	
1.00 PM	
1.30 PM	
2.00 PM	
2.30 PM	
3.00 PM	
3.30 PM	
4.00 PM	
4.30 PM	
5.00 PM	
5.30 PM	
6.00 PM	
6.30 PM	
7.00 PM	
7.30 PM	
8.00 PM	
8.30 PM	
9.00 PM	

Notes

Notes

Time	Monday	Tuesday	Wednesday
6.30 AM			
7.00 AM			
7.30 AM			
8.00 AM			
8.30 AM			
9.00 AM			
9.30 AM			
10.00 AM			
10.30 AM			
11.00 AM			
11.30 AM			
12.00 PM			
12.30 PM			
1.00 PM			
1.30 PM			
2.00 PM			
2.30 PM			
3.00 PM			
3.30 PM			
4.00 PM			
4.30 PM			
5.00 PM			
5.30 PM			
6.00 PM			
6.30 PM			
7.00 PM			
7.30 PM			
8.00 PM			
8.30 PM			
9.00 PM			

Time	Thursday	Friday	Saturday
6.30 AM			
7.00 AM			
7.30 AM			
8.00 AM			
8.30 AM			
9.00 AM			
9.30 AM			
10.00 AM			
10.30 AM			
11.00 AM			
11.30 AM			
12.00 PM			
12.30 PM			
1.00 PM			
1.30 PM			
2.00 PM			
2.30 PM			
3.00 PM			
3.30 PM			
4.00 PM			
4.30 PM			
5.00 PM			
5.30 PM			
6.00 PM			
6.30 PM			
7.00 PM			
7.30 PM			
8.00 PM			
8.30 PM			
9.00 PM			

Time	Sunday
6.30 AM	
7.00 AM	
7.30 AM	
8.00 AM	
8.30 AM	
9.00 AM	
9.30 AM	
10.00 AM	
10.30 AM	
11.00 AM	
11.30 AM	
12.00 PM	
12.30 PM	
1.00 PM	
1.30 PM	
2.00 PM	
2.30 PM	
3.00 PM	
3.30 PM	
4.00 PM	
4.30 PM	
5.00 PM	
5.30 PM	
6.00 PM	
6.30 PM	
7.00 PM	
7.30 PM	
8.00 PM	
8.30 PM	
9.00 PM	

Notes

Notes

Date_____ Week_____

Time	Monday	Tuesday	Wednesday
6.30 AM			
7.00 AM			
7.30 AM			
8.00 AM			
8.30 AM			
9.00 AM			
9.30 AM			
10.00 AM			
10.30 AM			
11.00 AM			
11.30 AM			
12.00 PM			
12.30 PM			
1.00 PM			
1.30 PM			
2.00 PM			
2.30 PM			
3.00 PM			
3.30 PM			
4.00 PM			
4.30 PM			
5.00 PM			
5.30 PM			
6.00 PM			
6.30 PM			
7.00 PM			
7.30 PM			
8.00 PM			
8.30 PM			
9.00 PM			

Time	Thursday	Friday	Saturday
6.30 AM			
7.00 AM			
7.30 AM			
8.00 AM			
8.30 AM			
9.00 AM			
9.30 AM			
10.00 AM			
10.30 AM			
11.00 AM			
11.30 AM			
12.00 PM			
12.30 PM			
1.00 PM			
1.30 PM			
2.00 PM			
2.30 PM			
3.00 PM			
3.30 PM			
4.00 PM			
4.30 PM			
5.00 PM			
5.30 PM			
6.00 PM			
6.30 PM			
7.00 PM			
7.30 PM			
8.00 PM			
8.30 PM			
9.00 PM			

Date_____Week_____

Time	Sunday
6.30 AM	
7.00 AM	
7.30 AM	
8.00 AM	
8.30 AM	
9.00 AM	
9.30 AM	
10.00 AM	
10.30 AM	
11.00 AM	
11.30 AM	
12.00 PM	
12.30 PM	
1.00 PM	
1.30 PM	
2.00 PM	
2.30 PM	
3.00 PM	
3.30 PM	
4.00 PM	
4.30 PM	
5.00 PM	
5.30 PM	
6.00 PM	
6.30 PM	
7.00 PM	
7.30 PM	
8.00 PM	
8.30 PM	
9.00 PM	

Notes

Notes

Printed in Great Britain
by Amazon